Marie Aubinais • Danièle Bour

Je découvre avec Petit Ours Brun

Les saisons

autocollants 40 à placer

bayard jeunesse

Au printemps, les  chantent

et les  reviennent aux champs.

Les agriculteurs travaillent sur leur .

Les  et les  poussent

un peu partout. Petit Ours Brun

fait un beau  pour sa maman.

« Merci pour ce bébé bouquet », lui dit-elle.

En été, le  brille et il chauffe fort.

On porte un  pour se protéger.

Les  sont bonnes à manger, mais

les  et les  ont besoin d'eau

pour mûrir. Alors  les arrose,

et quand il a fini, hop, il arrose Petit Ours Brun

qui joue dans sa !

En été, c'est le temps des vacances.

Petit Ours Brun va au bord de la 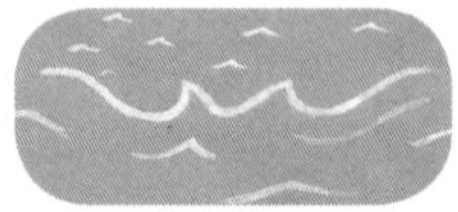 .

Il voit des  qui naviguent sur l'eau,

et un 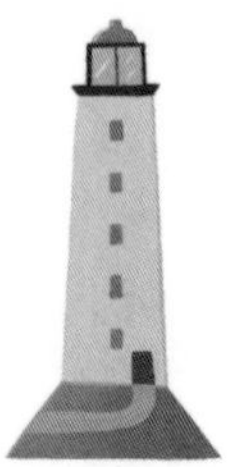 qui clignote quand il fait nuit.

Il entend les  qui crient dans le ciel

et les vagues qui arrivent sur le sable.

Il fait des 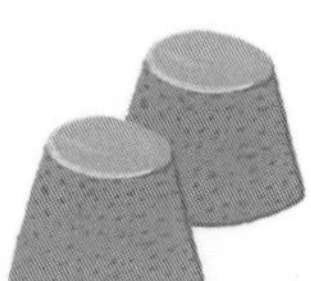 et un beau  sur la plage.

En automne, il fait plus frais. Les 

sont tout dorés, et leurs  tombent .

Petit Ours Brun ramasse beaucoup de 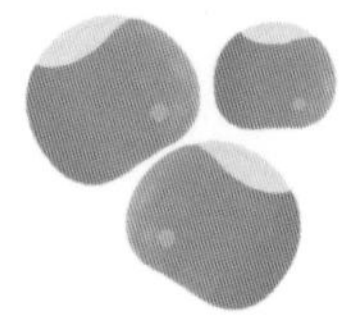

mais attention aux  : ça pique !

Les  , il n'y touche pas, certains

sont dangereux. Les  , il les cueille

comme un  gourmand.

En automne, le ciel est souvent gris.

Quand les  sont remplis d'eau,

ils craquent et c'est la  .

Petit Ours Brun prend son  ,

ses  et son  , et avec son copain

ils jouent dans les 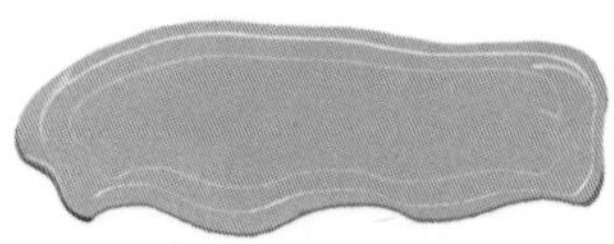 .

Pour le goûter, miam, ils cueillent du  !

En hiver, il fait bien froid.

Les arbres n'ont plus de feuilles du tout.

Dans la  , le feu est allumé

et la  fume. Quand la neige tombe,

Petit Ours Brun prend sa  , son  ,

son  et ses  ,

et il sort faire un beau  .